BEI GRIN MACHT SICH IHR WISSEN BEZAHLT

- Wir veröffentlichen Ihre Hausarbeit,
  Bachelor- und Masterarbeit

- Ihr eigenes eBook und Buch -
  weltweit in allen wichtigen Shops

- Verdienen Sie an jedem Verkauf

Jetzt bei www.GRIN.com hochladen und kostenlos publizieren

Franziska Amsel Muheim

Dorian Gray auf der Couch von Prof. O.F. Kernberg

GRIN Verlag

Bibliografische Information der Deutschen Nationalbibliothek:

Die Deutsche Bibliothek verzeichnet diese Publikation in der Deutschen National-
bibliografie; detaillierte bibliografische Daten sind im Internet über http://dnb.d-
nb.de/ abrufbar.

Impressum:

Copyright © 2006 GRIN Verlag GmbH
Druck und Bindung: Books on Demand GmbH, Norderstedt Germany
ISBN: 978-3-656-44821-1

Dieses Buch bei GRIN:

http://www.grin.com/de/e-book/70988/dorian-gray-auf-der-couch-von-prof-o-f-
kernberg

GRIN - Your knowledge has value

Der GRIN Verlag publiziert seit 1998 wissenschaftliche Arbeiten von Studenten, Hochschullehrern und anderen Akademikern als eBook und gedrucktes Buch. Die Verlagswebsite www.grin.com ist die ideale Plattform zur Veröffentlichung von Hausarbeiten, Abschlussarbeiten, wissenschaftlichen Aufsätzen, Dissertationen und Fachbüchern.

Besuchen Sie uns im Internet:

http://www.grin.com/

http://www.facebook.com/grincom

http://www.twitter.com/grin_com

Universität Zürich

Klinische Psychologie I

WS 2006/07

Referentin:

Franziska Amsel

Referat

NARZISSMUS und *Das Bildnis des Dorian Gray*

Dorian Gray auf der Couch von Prof. Otto F. Kernberg

Eine kleine Pathologie orientierte Analyse von Dorian Gray

Inhalt

Einführung

Zu Zeiten der Regentschaft Königin Victorias (1837 – 1901), die Prüderie und Nationalismus fördert, und des wirtschaftlichen Aufschwungs durch die Industrialisierung, die einer breiten Gesellschaftsschicht ermöglicht, sich nur noch mit den schönen Dingen des Lebens zu befassen, veröffentlicht der englische Intellektuelle und Schriftsteller Oscar Wilde 1890 seinen Roman *The Picture of Dorian Gray*. Vor dem Hintergrund des *Ästhetizismus* (griech. aisthetike: Wissenschaft vom sinnlich Wahrnehmbaren, vgl. Duden), einer Epoche, die sich durch Hingabe an das Stilvolle und Schöne, an die sinnlichen Freuden und Genüsse auszeichnet, entwickelt Wilde die Lebensgeschichte eines Hedonisten, der nach einer Reihe genusssüchtiger, rücksichtsloser und ausbeuterischen Beziehungen an seinem Selbstbild zugrunde geht.

Anhand ausgewählter Textstellen wird die Lebensgeschichte Dorian Grays im folgenden psychoanalytisch gedeutet und auf pathologisch narzisstische Symptome hin untersucht.

Zusammenfassung des Buchinhalts

Der Kunstmaler Basil Hallward schafft ein Portrait des jungen, unerfahrenen Dorian Gray, der ihn durch seine betörende Schönheit zur künstlerischen Höchstleistung bewegt. Er sieht in Dorian Grays Erscheinung nur Reinheit und Edelmut. Durch den Maler lernt Dorian Lord Henry Wotton kennen, der in ihm das Bewusstsein der eigenen Vergänglichkeit wachruft und ihn mit scharfsinnigen, aber gefühlskalten Gedanken den Zynismus und die Unmoral lehrt. Als Dorian sich beim Anblick des Portraits seiner Schönheit bewusst wird, äussert er jäh den Wunsch: „Wenn ich es wäre, der ewig jung bliebe, und das Bild altern könnte! Dafür – dafür – gäbe ich alles. Ja, nichts in der Welt wäre mir dafür zu viel. Ich gäbe meine Seele als Preis dahin." (S. 36). Dorian verliebt sich alsbald Hals über Kopf in die siebzehnjährige begabte Schauspielerin Sibyl Vane und macht ihr grosse Hoffnungen auf eine gemeinsame Zukunft. Nachdem sie als Künstlerin auf der Bühne versagt, versiegt jedoch seine Liebe für sie, und er lässt sie erbarmungslos fallen.

Danach entdeckt er erstmals erste Veränderungen auf dem von Basil Hallward gemalten Portrait: „…es war kein Zweifel, dass sich der ganze Ausdruck verändert hatte. Es war keine Einbildung von ihm. Die Sache war erschreckend und offenkundig. … Und doch, da stand das Bild vor ihm und hatte einen Zug von Grausamkeit um den Mund." (S. 115) Erschrocken über seine Gleichgültigkeit gerät er in einen Strudel von Gefühlen und Gedanken, die ihm klar machen, dass „Das Bildnis, verwandelt oder nicht, für ihn das sichtbare Wahrzeichen des Gewissens sein (würde)." (S. 116). Nach dem Selbstmord von Sibyl Vane helfen ihm die zynischen Theorien von Lord Henry Wotton seine Schuldgefühle zu rechtfertigen und zu verdrängen: „Wir wollen von dem, was geschehen ist, nicht mehr sprechen. Es war eine wundersame Erfahrung. Das ist alles. Ich möchte wissen, ob noch etwas so Wunderbares auf mich wartet." Bis zu seinem 38. Lebensjahr betreibt Dorian ein immer lasterhafteres rücksichtsloses, einzig auf die Befriedigung seiner Sinne konzentriertes Leben, ohne jedoch seine reine, blendende Schönheit zu verlieren. Parallel zu seinem sündhaften Lebenswandel verändert sich sein Portrait zum Schlimmsten, so dass Dorian Gray es unter einer Decke verborgen in einer Dachkammer allen Blicken entzogen versteckt hält. Als Basil Hallward eines Tages bei Dorian aufkreuzt und ihn mit hässlichen Gerüchten über seine Person konfrontiert und ihn zum Besseren mahnt, zeigt ihm Dorian, was aus dem Gemälde geworden ist. In einem plötzlichen Anfall von glühendem Hass ersticht Dorian den Schöpfer seines Portraits. Am nächsten Tag besticht er einen Bekannten, der ihm die Leiche von Basil chemisch entsorgen muss. Von nun an leidet Dorian an Verfolgungswahn und grossen Ängsten. Endlich fasst er den Beschluss das Portrait zu zerstören, in der letzten Hoffnung frei von allen Ängsten und Gewissensbissen zu werden, und er sticht auf das Bild ein. Nachdem sie einen furchtbaren Schrei hören, finden seine Bediensteten im entlegenen Dachraum folgende Szene vor: „… sahen sie an der Wand ein wunderbares Bildnis ihres Herrn hängen, so wie sie ihn zuletzt gesehen hatten, in all der Pracht seiner erlesenen Jugend und Schönheit. Auf dem Boden lag ein toter Mann im Frack, mit einem Messer im Herzen. Er war welk, runzlig und hässlich von Angesicht." (S. 278)

Psychoanalytische Betrachtungen:

Dorian Grays Kindheit: Aetiologische Aspekte

Dorian Gray wächst als Vollwaise in wohlhabenden Verhältnissen bei seinem Grossvater auf, der seinen unerwünschten Schwiegersohn, Dorians Vater, nur wenige Monate nach der Hochzeit mit seiner Tochter hatte umbringen lassen. Kaum ein Jahr danach stirbt seine junge, schöne Mutter. (S. 44 f) Dorian wird also im Alter von wenigen Monaten Vollwaise.

„Eine schöne Frau, die alles für eine wilde Leidenschaft aufs Spiel setzte. Ein paar wildglückliche Wochen, jäh beendet durch ein abscheuliches, heimtückisches Verbrechen. Monate stummen Todeskampfes, und dann ein Kind unter Schmerzen geboren. Die Mutter vom Tod hinweggerafft, der Knabe der Einsamkeit ausgeliefert, und der Tyrannei eines alten lieblosen Mannes." (S. 47)

Kernberg (1983, S. 270) beschreibt den Familienhintergrund pathologischer Narzissten als ein Umfeld, das geprägt ist durch kaltherzige Elternfiguren mit einem starken Mass an verdeckter Aggression. Äusserlich sehe alles nach gut funktionierenden und geordneten Verhältnissen aus, aber die primäre Bezugsperson zeige Härte, Indifferenz und unausgesprochene mürrische Aggression. Laut Auchter und Strauss (2003, S. 127) stehen narzisstische Störungen ursächlich im Zusammenhang mit früh verinnerlichten bedrohlichen oder unberechenbaren Objektbeziehungen, die es den Betreffenden nie möglich gemacht haben, sich auf gute innere Objekte zu verlassen. Dornes (1993, S. 99) interpretiert eine gute Mutter-Kind-Beziehung, durch die Fähigkeit der Mutter intensive Affekte aufzufangen und auszugleichen, schafft sie das nicht, entwickelt das Kind fragmentierte Selbst- und Objektempfindungen, um affektive Überlastung abzuwehren. Dies erklärt laut Dulz und Jensen (2000, S. 179), warum ein grosser Teil der realtraumatisierten Personen keine Spaltung der Selbst- und Objektrepräsentanzen entwickeln. Die Säuglingsforschung (vgl. Köhler, 1992; Lichtenberg, 1990) belegt, dass das primäre Bindungsverhalten bis zum sechsten Lebensmonat geprägt wird und bis zum Beginn der Pubertät konstant bleibt. Boothe (2002) beschreibt die phallisch-narzisstische Phase in der psychosexuellen Entwicklung als Beziehungserleben zu den Elternfiguren, in welchem anstelle von phallischer Integrität („ich bin ein intaktes phallisches Lust- und Kampfzentrum") und Selbstgenügsamkeit („ich verfüge über alles, dessen ich bedarf, und kann mich auf eine freundlich bergende und schützende Umwelt verlassen") die Angst vor Potenzverlust („ich bin kraftlos, lustlos

und unattraktiv") und Preisgabe („mir steht kein eigener innerer Raum zur Verfügung, dessen Integrität geschützt und respektiert ist und der zu mir gehört") aufkommen kann, was in der Folge mittels Abwehrmechanismen (siehe weiter unten) verdrängt wird.

Kernberg findet bei pathologischen Narzissten eine ausgeprägte orale Aggression vor, dabei stellt er verschiedene mögliche Ursachen in Aussicht, die nicht eindeutig zu belegen seien:

- ein konstitutionell bedingter übermässig starker Aggressionstrieb
- eine konstitutionell bedingte zu geringe Angsttoleranz
- reale schwere Frustrationen in den ersten Lebensjahren (1983, S. 270)

Die Spiegelszene: Abwehrmechanismen eines Narzissten

Dorian Gray verlässt die eben noch geliebte Sibyl Vane nach ihrem missglückten Auftritt mit für sie völlig unerwarteten Worten: „ … Ohne deine Kunst bist du ja nichts. Ich hätte aus dir eine Berühmtheit gemacht, glänzend gross. Die Welt hätte dich angebetet, und du hättest meinen Namen getragen. Was bist du jetzt? Eine drittklassige Schauspielerin mit einem hübschen Gesicht." (S. 111)

Wenn Dorian sagt: „Ohne deine Kunst bist du ja nichts", meint er eigentlich: „Ohne deine Kunst bin *ich* ja nichts." Was er als vermeintliche Liebe zu Sibyl Vane empfunden hatte, war nichts anderes als die ausbeuterische Intention, die „Genialität" ihrer Schauspielkunst zur Vergrösserung der eigenen Person zu nutzen, Entdecker und Verursacher ihrer Karriere zu sein und durch Sibyl den eigenen Namen brillieren zu lassen. Was als Objekt-Libido erscheint, ist nur Ich-Libido (Laplanche/Pontalis, 1973, S. 205 f.) Bereits aus diesem Vorwurf Dorians sind primitive Abwehrmechanismen gegen ein „ausgehungertes, wütendes, innerlich leeres Selbst" (Kernberg, 1983, S. 268) wie Allmachtsphantasie, primitive Idealisierung (nur-gut/nur-schlecht) und entsprechende Entwertung beim Einbruch der viel komplexeren Realität feststellbar.

Bald darauf wieder Zuhause bemerkt er auf seinem von Basil Hallward gemalten Portrait eine Veränderung: „Das heisse, bebende Sonnenlicht zeigte ihm den grausamen Zug um den Mund so klar, als sähe er sich in einem Spiegel, nachdem er etwas Hässliches getan hätte." (S. 114)

Beim Blick in die „blanke Tiefe" eines „von elfenbeinernen Liebesgöttern umrahmten Spiegels" kann Dorian an sich selbst keine Veränderung erkennen. Es wird ihm klar, dass sein Wunsch, er selbst möge jung und schön bleiben und das Portrait an seiner Statt altern, sich auf wunderliche Weise erfüllte. Er macht sich Gedanken über seine schlechten Gefühle: „War er grausam gewesen? Das Mädchen war schuld, nicht er." Auch Reue fühlt er, als er daran denkt, wie sie schluchzend zu seinen Füssen gelegen hatte. Einen Moment lang fragt er sich: „Warum war er so erschaffen worden? Warum war ihm eine solche Seele gegeben worden?" Schnell findet er einleuchtende Erklärungen, die sein Verhalten und Fühlen rechtfertigen. Beim Betrachten seines Portraits, an dem er diese erste negative Veränderung wahrnimmt, durchdringt ihn plötzlich „ein Gefühl von unermesslichem Mitleid, nicht mit sich selbst, sondern mit seinem gemalten Abbild." (S. 116) Er erkennt in ihm „das sichtbare Wahrzeichen des Gewissens" (S. 116) und er nimmt sich vor, sich zu bessern, zu Sibyl Vane zurückzukehren und sie um Verzeihung zu bitten: „Er war selbstsüchtig und grausam zu ihr gewesen. Aber sicher würde die Anziehung, die sie auf ihn geübt hatte, wiederkehren." (S. 117)

Im Moment, wo Dorian im Begriff ist, Schuldgefühle zu entwickeln bzw. sein Ich-Ideal gefährdet wird, spaltet er seine zerstörerischen Anteile von sich ab und projiziert sie nach aussen, auf ein Gemälde. Gerade bei den märchenhaften Anteilen des Romans, zeigt sich die Abwehrorganisation auf der Symbolebene ganz deutlich. Die elfenbeinernen Liebesgötter verweisen auf die blanke Tiefe, sie erinnern an zwei Leichname in Gestalt von Liebesgöttern (vgl. Freud, Bd. VIII, S.4 ff), an der Schwelle zum Abgrund, zum Tod, in dem sich die Bodenlosigkeit und Ungreifbarkeit der psychophysischen Identität Furcht einflössend auftut. Was im Spiegelbild ‚geisterhaft' erscheint, materialisiert sich im Ölgemälde. Dorian sucht nach seiner inneren Wahrheit im Spiegelbild, wo er nur seiner Wunscherfüllung (vgl. Laplanche u. Pontalis, 1972, S. 636) begegnet, während das Bild, das ein anderer von ihm gemalt hatte, der fremde Blick von aussen, die Wahrheit enthält. Die Wunschprojektion eines Ich-Ideals (Laplanche und Pontalis, 1973, S. 202 f.) als Verleugnungsversuch der eigenen schlechten Anteile führt zur Aufspaltung Dorians Selbsteinschätzung in nur-gut oder nur-schlecht, Spiegelbild und Portrait driften auseinander, das Ich von Dorian kann sie nicht mehr gemeinsam in sich vereinen. (Die Liebesgötter können auch den Amor mit dem Pfeil oder Diana mit dem Pfeilbogen darstellen, es besteht die Gefahr, sich in denjenigen, den man im Spiegel erblickt, zu verlieben, weil die Götter in dem Moment ihren Pfeil abschiessen, doch scheint der erst genannte Verweis der nachhaltigere zu sein.)

Den Gefühlen von Selbstzweifeln und Schuld, ja sogar von Reue weicht er aus, indem er das Geschehene intellektualisiert. Der Frage, die ihm im therapeutischen Setting möglicherweise etwas Aufschluss über sein Verhalten geliefert hätte, nämlich, warum er so erschaffen worden war, geht er nicht nach, er lässt sie unbeantwortet und unüberdacht, und wehrt auch hier jegliche Konfrontation mit eigenen Gefühlen ab.

Das Mitleid, das ihn mit seinem gemalten Abbild, – seinem Gewissen - erfasst, zeugt von seiner Ahnung um die Einheit mit ihm, die Vorstellung, dass sich sein Abbild verunstalten könnte, verursacht ihm düstere Gefühle, hier regt sich seine unbewusste Angst vor der eigenen Vernichtung. Deshalb redet er sich gut zu, er möchte künftig den Versuchungen der unmoralischen und zynischen Äusserungen Lord Henrys widerstehen und nimmt sich vor, Sibyl Vane zu lieben. Worte wie „versuchen, sie wieder zu lieben", „seine Pflicht, das zu tun" und „Aber sicher würde die Anziehung … wiederkehren" sprechen jedoch von Gefühlsleere und dem Mangel an echtem Bedauern oder gar echter Liebe und Zuneigung. Auch an dieser Stelle wird deutlich, dass Dorian seine ‚guten' Absichten als Abwehrmechanismus gegen die eigene Todesangst verwendet, es geht ihm nicht um Sibyl Vane und eine Objekt-Beziehung.
Dazu Kernberg (1983, S. 263): „Es mangelt diesen Patienten (den Narzissten) nicht nur an Gefühlstiefe und an der Fähigkeit, komplexere Gefühle anderer Menschen zu verstehen, sondern ihr Gefühlsleben ist auch nur mangelhaft differenziert, die Emotionen flackern rasch auf und flauen gleich wieder ab. Was besonders auffällt, ist das Fehlen echter Gefühle von Traurigkeit, Sehnsucht, Bedauern; das Unvermögen zu echten depressiven Reaktionen ist ein Grundzug narzisstischer Persönlichkeiten."

Dorian ermordet Basil Hallward: Die narzisstische Wut

Eines Abends taucht der Maler Basil Hallward, der Schöpfer von Dorians Portrait bei diesem auf, um ihn mit den hässlichen Gerüchten, die um seine Person kursieren, zu konfrontieren und ihm ins Gewissen zu reden. In der Folge zeigt ihm Dorian, was aus seinem Portrait geworden ist. „Er empfand eine schreckliche Lust bei dem Gedanken, dass ein anderer nun sein Geheimnis teilen solle, und dass nun der Maler des Bildes, das der Ursprung all seiner

Schande gewesen war, für den Rest seines Lebens die Last der grässlichen Erinnerung seiner Tat mit sich herumtragen werde." (S. 192)

Dorian empfindet schreckliche Lust, Basil der Qual seines wahren hässlichen Angesichts auszusetzen, hier zeigt sich sein Sadismus, seine Lust am Schmerz des andern, den er auf diese Weise erneut von sich selbst fernhalten kann. Zugleich sieht Dorian darin eine Chance zur Rache, denn Basil hatte ihn dazu verführt, sich in sein eigenes Bild zu verlieben, seine Schönheit über alles andere zu stellen. Basils Verehrung und Ergebenheit waren auf seine Schönheit ausgerichtet gewesen und hatten ihn dazu verleitet, den unseligen Wunsch nach ewiger äusserlicher Schönheit auszusprechen, die ihn anschliessend allen Versuchungen und Untaten erliegen liess, derweil seine Seele – sein Gewissen – zunehmend verunstaltet wurde. In des Malers Verehrung für ihn meint er die Ursache seiner Verstrickung in Schuld zu erkennen. Dass dieser Bewunderer nun Zeuge seines Niedergangs – einer Ent-Täuschung – wird, muss Dorian tief beschämen. In einem Anfall „blinder Wut" und wildem Hass ersticht Dorian den Maler von hinten. Seine anfängliche Rechnung Basil Hallward seine schreckliche Tat mit sich herumtragen zu lassen, sie mit ihm zu teilen, geht nicht auf. Der Erniedrigung und Beschämung durch die Offenbarung seiner bösen Anteile kann Dorian nur noch entkommen, indem er den Zeugen beseitigt.

Dorian Grays Tod: Von der Unmöglichkeit Verdrängtes zu eliminieren

Nach seinem Mord an Basil Hallward findet Dorian Gray keine Ruhe mehr, Ängste plagen ihn und er muss sich selbst nach einer angeblich guten Tat der reinen Eitelkeit und Heuchelei bezichtigen. Die Vergangenheit lastet auf ihm und er will sich von ihr befreien, um noch einmal ganz von vorne zu beginnen. Das Bildnis, das von ihm und seinen begangenen Untaten zeugt, muss vernichtet werden. Dasselbe Messer, mit dem er Basil getötet hat, soll nun auch sein „ungeheuerliches Seelenleben" zerstören, „ohne dessen grässliche Warnungen würde er Frieden haben."

Das Messer stellt Dorians Aggression dar, seinen Hass auf alles, was ihm unangenehme Gefühle verursacht. Das Bildnis – sein Gewissen – das ihn unablässig an seine Schattenseiten und seine Unzulänglichkeit erinnert, plagt ihn (vgl. Freud, Bd.VII, S. 247). Er ist unfähig, sich als Menschen mit schlechten Anteilen zu ertragen. „Viele Autoren haben bereits darauf

hingewiesen, dass die Fähigkeit, Depression zu ertragen – die ja eng verbunden ist mit der Fähigkeit, über den Verlust eines guten Objekts oder auch eines Idealselbstanteils zu trauern – eine wichtige Voraussetzung für die emotionale Entwicklung und besonders für die Verbreiterung und Vertiefung des Gefühlslebens darstellt." (Kernberg, 1987, S. 272 f.)

Im Moment, wo Dorian auf sein Bildnis – den abgespaltenen, nach aussen projizierten bösen Teil seiner selbst – einsticht, um ihn zu vernichten, vernichtet er sich selbst. Der schwergewichtige abgespaltene Teil holt ihn ein und bringt ihn um. Niemand kann ohne Gewissen, ohne Seele leben, und sei sie auch noch so verkommen, dies scheint die Moral der Geschicht. Und sie widerspricht zum letzten Mal der Aussage Lord Henrys, der sagte: „ich dachte einen Moment daran … zu sagen, dass die Kunst eine Seele habe, aber nicht der Mensch…" (S. 269)

Potentielles Kernbergsches Fazit

Hätte Dorian Gray früh genug auf „Kernbergs" Couch Zuflucht gefunden, hätte er mit der Zeit vielleicht Wege gefunden, aus seiner Isolation auszubrechen und Trauergefühle für seine elternlose, lieblose Kindheit zu entwickeln und auszuhalten. Durch die in der analytischen Situation entwickelten Übertragungen, den Gegenübertragungen und der sich daraus ergebenden Deutungen, wäre es Dorian Gray vielleicht gelungen, zu erkennen, dass er zugleich Opfer und Täter war (vgl. Kernberg, 2000, S. 529 ff) Möglicherweise hätte er eine angemessene Objektbeziehung erlernen können; Vertrauen entwickeln, dass nicht allein seine Schönheit der Massstab für Zuwendung und Aufmerksamkeit sei, und Akzeptanz, dass unsere menschliche Existenz konflikthaft und vergänglich ist.

> „Es sieht aus, als betrachte er sein Abbild auf dem Grund des Wassers."
> „Es ist vielleicht nicht sein Abbild. Nur wer nicht verliebt ist, sieht sein Spiegelbild im Wasser."
> „Was anderes sieht er dann?"
> „Er betrachtet seine Seele. Weckt ihn nicht, sie könnte davon fliegen!"

> Aus „Bab'Aziz - Le prince qui contemplait son âme"
> von Nacer Khemir, Tunesien

„Das Portrait von Dorian Gray" im Fokus weiterer Fragestellungen

- ### *Die Galthea-Thematik*
  (vgl. Ovid, Metamorphoses, B. XIII und Frank Wedekind)

  Basil Hallward erschafft sich auf der Leinwand seinen „Traumprinzen", mit Leib und Seele bannt er sein Idealbild von Dorian Gray auf die Leinwand.

  Roland Barthes (1989, S. 23) schreibt über ein Portrait von ihm: „… so sehe ich, dass ich GANZ UND GAR BILD geworden bin, das heisst der TOD in Person; die anderen - der ANDERE – entäussern mich meines Selbst, machen mich blindwütig zum Objekt, halten mich in ihrer Gewalt, verfügbar, eingereiht in eine Kartei, präpariert für jegliche Form von subtilem Schwindel, …"

  Dorian Gray verliebt sich sehr in die Schauspielerin Sibyl Vane. Im Moment, wo er erkennt, dass sie nicht seinem Ideal entspricht, verliert er seine Gefühle für sie. Oder im Moment, wo Sibyl Vane sich ihres Wundergatten sicher fühlt, gibt sie sich selbst, das, was sie als Künstlerin auszeichnet, auf. Sie wird sie zur langweiligen Frau.

  Wenn wir uns verlieben, verlieben wir uns stets in unseren Traumprinzen, in unsere Traumprinzessin, wir malen ihr Bild in den schönsten Farben.

  Frage: Verträgt die Realität Schönfärberei? Oder: Was sind die Voraussetzungen für eine wahrhaftige, gelingende Liebe auf Zeit?

- ### *Homosexualität: Die narzisstische Objektwahl?*
  Zwei ältere Männer buhlen in väterlichen Rollen um die Gunst eines schönen jungen Mannes. Im Victorianischen Zeitalter ist die Homosexualität verboten, Oscar Wilde thematisiert indes in seinem Roman unangreifbar-offensichtlich das Thema, das ihn selbst beschäftigt hat.

  In zur *Einführung des Narzissmus* (1914) zählt Freud folgende narzisstische Objektwahl-Schemata auf:

  „man liebt:

a) was man selbst ist (sich selbst);

b) was man selbst war;

c) was man selbst sein möchte;

d) die Person, die ein eigener Teil des eigenen Selbst war" (Laplanche/Pontalis, 1973, S.349 f.)

In diesem Zusammenhang stellen sich Fragen nach Normalität versus Perversion, nach ‚verweigerter Reifung' bzw. Angst vor alt-sein/Auflösung/Zerfall und den damit einhergehenden Abwehrfunktionen.

Frage: Da Homosexualität nicht weg therapierbar ist, sondern eine stabile psychisch-physische Beschaffenheit des Betroffenen, ist es müssig, die *narzisstische* Objektwahl zu thematisieren. Vielmehr fragt sich, wie der/die Betroffene in einem ablehnenden Umfeld und überhaupt damit zurecht kommen kann.

- *Narzissmus und Understatement: Wie wird man ein Star?*

Dorian Gray wird von allen umschwärmt, er wird überall eingeladen, von allen bezirzt und ist insbesondere der Mittelpunkt von Lord Henry und Basil Hallward. Heutzutage wäre Dorian Gray ein berühmter Dandy und in allen Klatschspalten das Thema. Wie kommt das? Dorian Gray ist schön anzusehen, stammt von skandalumwitterten Eltern und war früh Vollwaise und betreuter Enkel eines herrschsüchtigen, reichen Patriarchen. Macht dies allein ihn attraktiv?

Frage: Wie kommt es, dass alle Welt sich um Dorian reisst, ihn begehrt, ihn dabei haben will? Was macht Dorian zum Magnet? Seine Schönheit? Seine Geschichte, sein Familienroman (vgl. Freud, B. VII, S. 109)? Seine heimliche Verwerflichkeit? Oder die Nebenbuhler, die um ihn werben und dadurch Lust am Wettbewerb entfachen?

Im Basler „Daigg" zum Beispiel, der Geldaristokratie in Basel, trumpft man mit Understatement auf. Das Motto „Geiz ist geil" bezieht sich auf alle Lebensbereiche, je unauffälliger, farbloser und bescheidener man auftritt, je mehr man sich vom eigenen Mund abspart, desto höher das Ansehen der Gleichgestellten.

Im Gegenzug dazu hat sich in der Populärkultur (z.B. „Deutschland sucht den Superstar") ein exorbitanter Hang zu narzisstischer Selbst-Darstellung entwickelt, die

gesellschaftlich nicht nur gefeiert, sondern drastisch gefördert wird. Jeder soll ein Star sein (allerdings ein „Wegwerf-Star").

Heinz Kohut (1913 – 1981) hat die Selbstliebe, als wichtige Voraussetzung für das psychische Gleichgewicht ins Zentrum seiner Lehre, der Selbstpsychologie, gestellt (Mertens, 2000, S. 31 ff). Davon ausgehend stellt sich die **Frage:** Wann ist was angesagt? Wie entscheidend sind gesellschaftliche und ökonomische Einflüsse auf die narzisstische Selbst-Darstellung? Sind an manchen Orten narzisstische Züge gewinnbringender als an anderen? Oder könnte man sagen, dass Understatement bloss die Verkehrung ins Gegenteil (vgl. Freud, B. X, S. 250), also verkappter Narzissmus, bedeutet?

Und wie erklärt sich der Gewinn der Voyeure? Warum wünscht sich das Publikum, Auftritte von Personen, die sich narzisstisch zur Schau stellen? Wie erklären sich die hohen Auflagen von Klatschzeitschriften?

- *Das Spiegelbild: Je est un autre!*
(vgl. Arthur Rimbaud)

Durch das gemalte Portrait wird sich Dorian erstmals seiner Schönheit und durch die Belehrungen Lord Henrys seiner Vergänglichkeit bewusst. Daraus erwächst der Wunsch, diese Schönheit, die sein gesamtes Kapital zu sein scheint, mit dem er Aufmerksamkeit und Macht über andere gewinnt, möge für immer erhalten bleiben. Das Bild wird sein wahres Spiegelbild, denn es zeigt nicht nur sein Äusseres, sondern steht symptomatisch auch für sein Inneres. Als wäre ein unsichtbarer Maler am Werk, passt sich das Bild Dorians verwerflichen Taten laufend an und widerspiegelt seinen seelischen Niedergang.

Frage: Wer könnte dieser „unsichtbare Maler" sein? Hier einige spekulative Überlegungen:

Sein Über-Ich, eine Gewissensinstanz, die ihm klar macht, dass er von Sitte und Moral abweicht? Das Es, Dorians aggressive Triebe, die ungezügelt zur Darstellung kommen und ihn letztlich vernichten (vgl. auch Todestrieb)? Oder vielleicht Basil Hallwards abgespaltener Teil seines projektiven Ideals, seinem Wunsch nach eigener makelloser Güte und Reinheit? (vgl. „Es ist zu viel von mir selber drin." S. 9). Auf der symbolischen Ebene könnte das Bild auch Abbild von Lord Henrys aggressivem

Zynismus sein, der durch seine verbalen Zerstörungsmanöver Dorian Gray in die Selbstvernichtung treibt, vielleicht weil er zerstören muss, was er nicht haben kann?

Erst beim Tod Dorian Grays nimmt das Gemälde – der Ort der Projektionen - wieder die ursprüngliche schöne Gestalt an und wird jenseits vom Lebendigen zur Stätte konservierter Wunscherfüllung.

Fazit: Hinsichtlich Melanie Kleins Definition der depressiven Position, als Folge der paranoid-schizoiden Position (Laplanche/Pontalis, 1973, S. 114 f.) ist Basil Hallwards Ideal von Dorian Gray nur als Bildnis möglich, als imaginierte Wunscherfüllung. Dass ein Wunsch ihren *sinnlichen* Niederschlag in der Kunst, hier in der Literatur, finden kann, mag u.a. eine Erklärung für das anhaltende Interesse an Oscar Wilde's Roman sein.

Zürich, November 2006

Literatur

1. Auchter, T. und Strauss, L.V. (2003). *Kleines Wörterbuch der Psychoanalyse.* Göttingen: Vandenhoeck und Ruprecht.

2. Barthes, R. (1989). *Die helle Kammer.* Frankfurt a.m.: Suhrkamp Taschenbuch.

3. Boothe, B. (2002). *Manual der Erzählanalyse JAKOB. Prototypische Wunsch- u. Angstthemen*, S. 82 ff. Universität Zürich: Klinische Psychologie I.

4. Dornes, M. (1993). *Der kompetente Säugling. Die präverbale Entwicklung des Menschen.* Frankfurt a. M.: Fischer.

5. Dulz, B. u. Jensen, M. (2000). *Aspekte einer Traumaaetiologie der Borderline-Persönlichkeitsstörung.* In: Handbuch der Borderline-Störungen. Stuttgart: Schattauer.

6. Freud, S. (1940). *Das Unheimliche.* In: Gesammelte Werke, Bd. XII, S. 229 – 268. Frankfurt a.M.: Fischer Taschenbuch Verlag GmbH.

7. Freud, S. (1943). *Jenseits des Lustprinzips.* Gesammelte Werke, Bd. VIII. . Frankfurt a.m.: Fischer Taschenbuch Verlag GmbH.

8. Kernberg, O.F. (1983). *Borderlinestörungen und pathologischer Narzissmus.* Frankfurt a.m.: Suhrkamp Verlag.

9. Kernberg O.F., Dulz, B. u. Sachsse, U. (2000). *Handbuch der Borderline-Störungen.* Stuttgart: Schattauer.

10. Köhler, L. (1992). *Formen und Folgen früher Bindungserfahrungen.* Forum Psychoanal; 8: 263 – 80.

11. Laplanche, J. u. Pontalis, J.-B. (1973). *Das Vokabular der Psychoanalyse*. Frankfurt a.M.: Suhrkamp Verlag.

12. Lichtenberg, J.D. (1990). *Einige Parallelen zwischen den Ergebnissen der Säuglingsbeobachtung und klinischen Beobachtungen an Erwachsenen, besonders Borderline-Patienten und Patienten mit narzisstischer Persönlichkeitssteörung.* Psyche; 44: 871 – 901.

13. Wilde, O. (1890). *Das Bildnis des Dorian Gray.* Zürich: Diogenes Verlag AG, 1996.

14. www.dorian-gray-syndrom.org